ZWISCHEN FLUT UND EBBE

ZWISCHEN FLUT UND EBBE

Texte von Wilhelm Raabe und Theodor Storm

Mit 28 Reproduktionen nach Photographien von

Katja Snozzi

Wenn man sich an die Stimme des Meeres gewöhnt hat,
so läßt es sich gar sanft dabei einschlummern.
Es ist, als ob die Ewigkeit eine Zunge bekommen habe,
die Kinder der Erde in den Schlaf zu singen.
WILHELM RAABE

Wie brennend Silber funkelte das Meer,
Die Inseln schwammen auf dem hohen Spiegel,
Die Möwen schossen blendend hin und her,
Eintauchend in die Flut die weißen Flügel.

. . .

Der Flut entsteigt der frische Meeresduft;
Vom Himmel strömt die goldne Sonnenfülle;
Der Frühlingswind geht klingend durch die Luft
Und sprengt im Flug des Schlummers letzte Hülle.

. . .

Hier stand ich oft, wenn in Novembernacht
Aufgor das Meer zu gischtbestäubten Hügeln,
Wenn in den Lüften war der Sturm erwacht,
Die Deiche peitschend mit den Geierflügeln.
THEODOR STORM. OSTERN

Einen letzten Hügel hatte er zu erklimmen;
als er oben stand, keuchend, atemlos,
da lag es vor ihm, das Meer,
da breitete es sich in der fahlen Beleuchtung des Abends,
und der Nebel verschlang den Horizont
und rollte über die Wasser heran gegen den öden Strand,
auf dem tiefer unten zur Rechten rötlich
die Lichter aus den Hüttenfenstern von Grunzenow schimmerten.
So hatte sich Hans das Meer nicht vorgestellt.
Unermeßlich im hellen Tage,
blitzend im höchsten Glanz,
den Irdisches geben konnte,
war es ihm in seinen Träumen erschienen;
– nun war auch das anders, ganz anders,
aber er mußte doch die Hand aufs Herz drücken,
und der Atem stockte in seiner Brust.
WILHELM RAABE

Ans Haff nun fliegt die Möwe,
Und Dämmrung bricht herein;
Über die feuchten Watten
Spiegelt der Abendschein.

Graues Geflügel huschet
Neben dem Wasser her;
Wie Träume liegen die Inseln
Im Nebel auf dem Meer.

Ich höre des gärenden Schlammes
Geheimnisvollen Ton,
Einsames Vogelrufen –
So war es immer schon.

Noch einmal schauert leise
Und schweiget dann der Wind;
Vernehmlich werden die Stimmen,
Die über der Tiefe sind.
THEODOR STORM. MEERESSTRAND

An regentrüben Sommertagen,
Wenn Luft und Flut zusammenragen
Und ohne Regung schläft die See,
Dann steht an unserm grauen Strande
Das Wunder aus dem Morgenlande,
Morgane, die berufne Fee.

Arglistig halb und halb von Sinne,
Verschmachtend nach dem Kelch der Minne,
Der stets an ihrem Mund versiegt,
Umgaukelt sie des Wandrers Pfade
Und lockt ihn an ein Scheingestade,
Das in des Todes Reichen liegt.

THEODOR STORM. MORGANE

Das war eine Höhe, wo zwischen Gestein
und leichtbeweglichem Dünensand
niederes Gesträuch und einige vom Wind
wunderlich zerrissene höhere Bäume
in mühseliger Zähigkeit ihr Dasein
dem harten Boden, dem wehenden Sand
und den Stürmen abkämpften.
Ein einsames Fleckchen, wo sich gut
mit Land und Meer, mit den Wolken und Möwen,
mit den eigensten Gedanken Zwiegespräch halten ließ.
WILHELM RAABE

Es ist der Wind der alte Heimatslaut,
Nach dem das Kind mit großen Augen schaut,

Bei dem es einschläft, wenn er weiter summt,
Der es erweckt, wenn jählings er verstummt;

Bei dessen Schauern Baum und Strauch erbebt
Und tiefer in den Grund die Wurzeln gräbt –

Was bist du anders denn, als Baum und Strauch?
Du keimst, du blühst und du verwelkest auch!
THEODOR STORM

Es ist ein Flüstern in der Nacht,
Es hat mich ganz um den Schlaf gebracht;
Ich fühl's, es will sich was verkünden
Und kann den Weg nicht zu mir finden.

Sind's Liebesworte, vertrauet dem Wind,
Die unterwegs verwehet sind?
Oder ist's Unheil aus künftigen Tagen,
Das emsig drängt sich anzusagen?
THEODOR STORM

Zur Linken lag das schweigende Dorf,
in welchem jetzt kein Licht mehr glimmte;
vor ihm dehnte sich der kahle Strand,
über den sich in den letzten Abendstunden
eine leichte Schneedecke gelagert hatte
und der sich im weiten Bogen im Dunst und Nebel verlor.
Über Dorf und Strand aber hinaus
bewegte sich das Meer, beleuchtet vom Monde,
der, verschleiert vom Gewölk,
sich dem Untergang zuneigte;
das Meer – „gekleidet in Wolken
und in Dunkel eingewickelt wie in Windeln".
Wilhelm Raabe

Ein Punkt nur ist es, kaum ein Schmerz,
Nur ein Gefühl, empfunden eben;
Und dennoch spricht es stets darein,
Und dennoch stört es dich zu leben.

Wenn du es andern klagen willst,
So kannst du's nicht in Worte fassen.
Du sagst dir selber: „Es ist nichts!"
Und dennoch will es dich nicht lassen.

So seltsam fremd wird dir die Welt,
Und leis verläßt dich alles Hoffen,
Bis du es endlich, endlich weißt,
Daß dich des Todes Pfeil getroffen.

THEODOR STORM. BEGINN DES ENDES

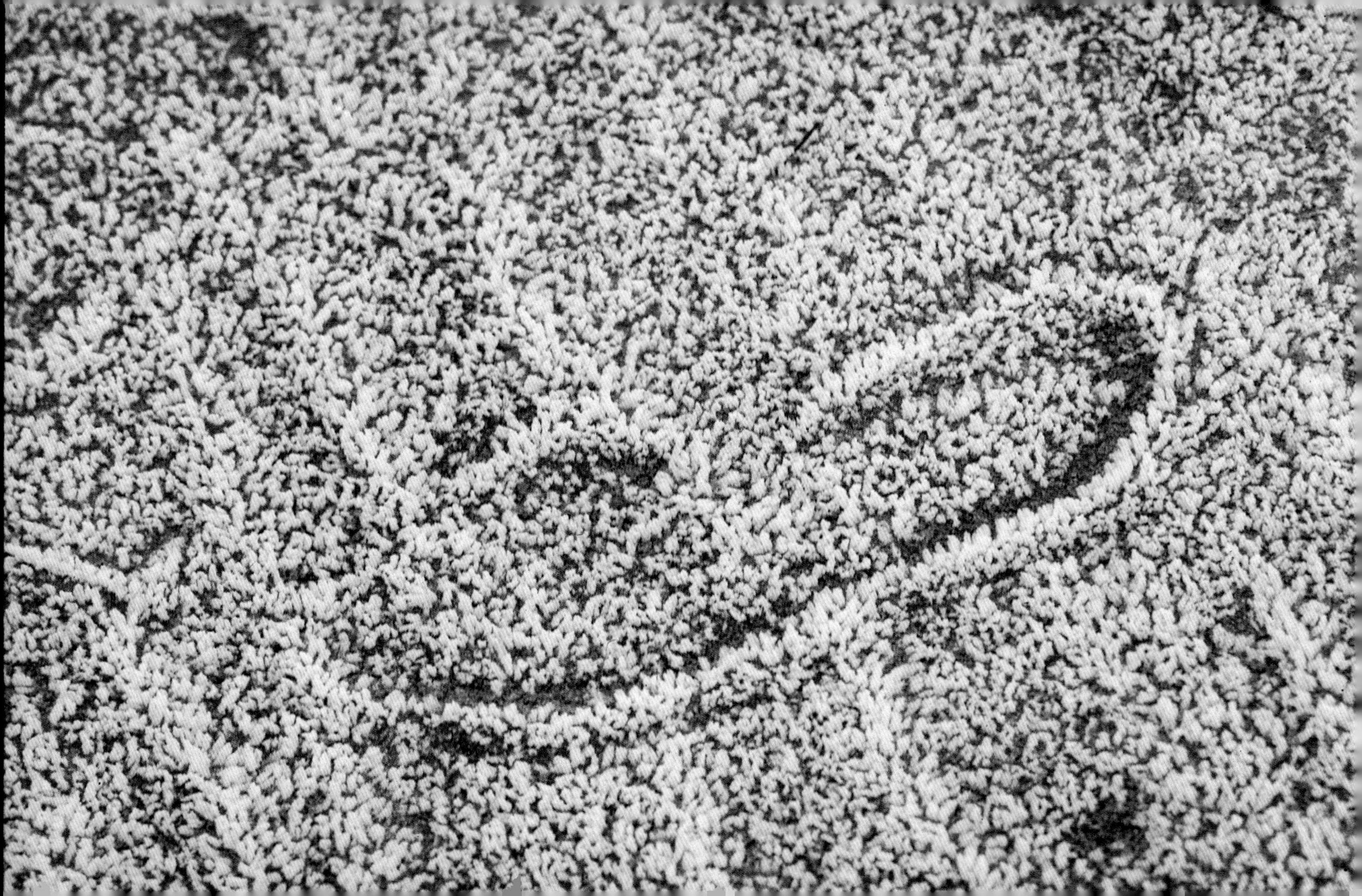

Es kommt das Leid,
Es geht die Freud;
Es kommt die Freud,
Da geht das Leid –
Die Tage sind nimmer dieselben.
THEODOR STORM

Und am Ende der Qual alles Strebens
Ruhig erwart ich, was sie beschert,
Jene dunkelste Stunde des Lebens;
Denn die Vernichtung ist auch was wert.
THEODOR STORM

Am grauen Strand, am grauen Meer,
Und seitab liegt die Stadt;
Der Nebel drückt die Dächer schwer,
Und durch die Stille braust das Meer
Eintönig um die Stadt.

Es rauscht kein Wald, es schlägt im Mai
Kein Vogel ohn Unterlaß;
Die Wandergans mit hartem Schrei
Nur fliegt in Herbstesnacht vorbei,
Am Strande weht das Gras.

Doch hängt mein ganzes Herz an dir,
Du graue Stadt am Meer;
Der Jugend Zauber für und für
Ruht lächelnd doch auf dir, auf dir,
Du graue Stadt am Meer.
THEODOR STORM. DIE STADT

Hin gen Norden zieht die Möwe,
Hin gen Norden zieht mein Herz;
Fliegen beide aus mitsammen,
Fliegen beide heimatwärts.

Ruhig, Herz! du bist zur Stelle;
Flogst gar rasch die weite Bahn –
Und die Möwe schwebt noch rudernd
Überm weiten Ozean.

THEODOR STORM